Listos para ir a la escuela
Respetamos las reglas

Sharon Gordon

Marshall Cavendish
Benchmark
Nueva York

Respetamos las reglas.

Hacemos una fila.

Respetamos las reglas.

Nos sentamos.

Respetamos las reglas.

Caminamos.

Respetamos las reglas.

Levantamos la mano.

Respetamos las reglas.

Nos turnamos.

Respetamos las reglas.

Escuchamos.

Respetamos las reglas.

Nos lavamos las manos.

Respetamos las reglas.

17

Jugamos.

¡Respetamos las reglas!

Respetamos las reglas

manos

hacer una fila

escuchar

jugar

sentarse

turnarse

caminar

lavarse

21

Índice

Las páginas indicadas con números en **negrita** tienen ilustraciones.

Datos biográficos de la autora

Sharon Gordon ha escrito muchos libros para niños. También ha trabajado como editora. Sharon y su esposo Bruce tienen tres niños, Douglas, Katie y Laura, y una perra consentida, Samantha. Viven en Midland Park, Nueva Jersey.

Agradecemos a las asesoras de lectura Nanci Vargus, Dra. en Ed., y Beth Walker Gambro.

Marshall Cavendish Benchmark
99 White Plains Road
Tarrytown, New York 10591-9001
www.marshallcavendish.us

Library of Congress Cataloging-in-Publication Data

Gordon, Sharon.
[We follow the rules. Spanish]
Respetamos las reglas / Sharon Gordon. — Edición en español.
p. cm. — (Bookworms. Listos para ir a la escuela)
Includes index.
ISBN-13: 978-0-7614-2358-4 (edición en español)
ISBN-10: 0-7614-2358-3 (edición en español)
1. Obedience—Juvenile literature. 2. School children—Conduct of life. I. Title. II. Series: Gordon, Sharon. Bookworms. Listos para ir a la escuela.

BJ1459.G6718 2006
179'.9—dc22
2006015804

Traducción y composición gráfica en español de Victory Productions, Inc.
www.victoryprd.com

Investigación fotográfica de Anne Burns Images

Fotografía de la cubierta de *Corbis*/Jim Craigmyle

Los permisos de las fotografías utilizadas en este libro son cortesía de:
Corbis: pp. 1, 11, 20 (arriba a la izquierda) Steve Chenn; pp. 3, 5, 20 (arriba a la derecha) exentas de regalías; pp. 7, 9, 13, 15, 19, 20 (abajo a la izquierda), 20 (abajo a la derecha), 21 (arriba a la izquierda), 21 (arriba a la derecha), 21 (abajo a la izquierda) Ariel Skelley; pp. 17, 21 (abajo a la derecha) Ralf-Finn Hestoft.

Impreso en Malasia
1 3 5 6 4 2